EIN SOMMER AUF JUIST

MEINEN GESCHWISTERN

MICHAEL SCHAMBERGER

EIN SOMMER AUF JUIST

© 2004 Michael Schamberger
Herstellung und Verlag:
Books on Demand GmbH, Norderstedt
Covergestaltung, Satz und Layout Michael Schamberger

ISBN 3-8334-1192-9

INHALT

1. ERWARTUNG 13

2. JAHRESZEITEN 14

3. TÖDLICHES WATT 16

4. ANKUNFT 17

5. DAS MEER 18

6. SCHATZINSEL 19

7. DAS WEIßE SCHLOß 20

8. WATT UND MEER 22

9. STRANDBURGEN 23

10. ENTSTEHUNG 24

11. UNTERGANG DER SONNE...................... 26

12. SONNENAUFGANG 28

13. STRANDSPAZIERGANG 30

14. SPUREN 31

15. ZUR SANBANK 32

16. SEELENRUH 34

17. WÜTENDES MEER 36

18. DAS WRACK 38

19. WATEN 39

20. EINE KLEINE HERZMUSCHEL 40

21. LANGSAMKEIT 41

22. KLEINER SEEHUND 42

23. EIN TODGEWEIHTER 43

24. ABENDSTIMMUNG 44

25. SCHÖNER MORGEN 46

26. JUIST 47

27. PIRATEN 48

28. KÜSSEN 49

29. DIE EHRE DES GRAFEN MANIER 50

30. DIE EBBE 52

31. VERFÜHRUNG 53

32. ABENDRUH 56

33. ZWIEGESPRÄCH 58

34. DER JÜNGLING 59

35. FAHRT NACH HELGOLAND 60

36. EINE KLEINE MÖWE 61

37. OSTFRIESISCHE INSELN 62

38. ANDERE INSELN 64

39. HINDERNIS 65

40. ABSCHIED IM SOMMER 66

41. VERMISSEN 67

42. SONNENHOCHZEIT 68

43. STRANDTHEATER 69

44. STÜRMISCHE SEE 70

45. DER GANG DER ZEIT 71

46. NACHT IN DEN DÜNEN 72

47. DIE INSEL DIE ICH LIEBE 73

48. DER SOMMER ZIEHT FORT 75

49. VERTRIEBEN 76

50. ZEIT 77
51. STURMTIEF 78
52. ERKENNTNIS 80
53. OSTWIND 81
54. ABSCHIED 82
55. SCHRECKLICHE SOMMERNACHT 84

VORBEMERKUNGEN

Wer den Sommer erleben will, muß ihn erwarten. Deshalb beginnt auch ein „Sommer auf Juist" nicht erst mit der Ankunft am Hafen. Schon im kühlen Herbst sehnen wir die warmen Tage herbei. Doch was wäre der Sommer ohne die anderen Jahreszeiten. Würden wir seine Wärme ohne die Kälte des Winters wirklich zu schätzen wissen? In frostigem Trotz geben wir vor, der kalten Jahreszeit eine eigenwillige Schönheit abzugewinnen. Aber sobald der Frühling von der Ankunft des Sommers kündet, sind die angeblichen Vorzüge vergessen. Im Frühling bekennen wir uns offen zu den erlittenen Qualen. Vielleicht wird der Frühling deshalb so oft in seinem Kontrast zum Winter beschrieben. Vielleicht geschieht dies aber auch, weil jeder erkennt, daß sich der Frühling mit dem Sommer nicht messen kann.

Juist, das ist ein wahrer Ort, ihn gibt es wirklich. Doch in seiner Gesamtheit war die Insel einst Bestandteil einer anderen Welt. Ein Teil von Juist gehörte vielleicht zu einer längst untergegangenen Welt, womöglich gar zur Insel Bant, jenem geheimnisvollen Eiland, das in nördlichen Gewässern auch heute noch allgegenwärtig ist. Vielleicht war die Insel aber auch nur ein Teil des Meeresbodens, verdammt dazu, in den Tiefen der Nordsee ein tristes Dasein in ewiger Finsternis zu führen. Niemand weiß es.... Gewiß ist nur, daß die Insel irgendwann einmal entstanden ist. Wind und Strömung haben jedes einzelne Sandkorn einst hierher gebracht und zu dem zusammengefügt, was wir heute das Zauberland nennen. Viele Jahre wird Juist nicht viel mehr gewesen sein, als eine Sandbank, anfangs noch von jeder Flut überspült. Langsam hat sie sich dann emporgehoben, hat sich vom Meer befreit und ist doch seine Gefangene geblieben. Erst nur Gastgeber einer vielfältigen Tier und Pflanzenwelt, wurde sie schließlich von Menschen besiedelt und später auch von ihren Gästen entdeckt.

Juist ist ein Hort, ein Schatz, an dem man seinen Frieden finden und reich werden kann. Und dennoch, von den unzähligen Gästen, die die Insel besuchen, können viele eben nichts entdecken. Sie finden nichts, was sie nicht meinen auch anderswo zu bekommen. Hierin liegt das Glück derer, die Juist wirklich gefunden haben, denn in der Verborgenheit des Schatzes liegt sein Reichtum.

Michael Schamberger

Düsseldorf im Juni 2004

EIN SOMMER AUF JUIST

ERWARTUNG

Es brachen so lieblich die Wellen;
Da machte am Strande ich halt;
Ich wollt' mich zu ihnen gesellen;
Doch das Wasser war leider zu kalt.

So konnt' ich nur schauen und lauschen;
Den lustigen Wellen beim Spiel;
Konnt' mich nicht an ihnen berauschen;
Zu kalt war der eisige Priel.

Ich muß wohl den Sommer ersehnen;
Die prickelnde Frische zu spüren;
Doch werden mich blaugrüne Tränen;
Zur Wiederkehr stetig verführen.
....

JAHRESZEITEN

In des Herbstes wärmster Sonne;
Steh ich hier und denk voll Wonne;
An die Zeit der Sommertage;
Warme Strahlen mich durchdrangen;
Und in eines Baumes Krone;
Noch die letzten Vöglein sangen.

In des Winters Eiseskälte;
Gibt es nichts was mir vergällte;
Meine Freude und mein Finden;
Kalt nun hier die Winde pfeifen;
Und der Sonne wärmster Strahlen;
Schwach nur meine Sinne streifen.

In des Frühlings Sonnenschein;
Steh ich hier, vergess' die Pein;
Die die kalten Tage brachten;
Jetzt wird alles hell und grün;
Vöglein singen Blümchen blüh'n.

In des Sommers Sonnenschein;
In der wärmsten aller Sonnen;
Bin ich hier, ich fahre heim;
Zu dem wärmsten aller Orte;
Der in Zuckersand mich hüllt;
Und durch süße Meereswogen;
Mich mit neuer Kraft erfüllt.
....

TÖDLICHES WATT

Seht, das kleine Inselein;
Wie es strahlt von Ferne klar;
Als wenn es zu greifen wär';
Scheint's vom Festland aus so nah.

Doch wer Norddeich hat verlassen;
Itzendorf dann doch erreicht;
Mußte warten lange Zeit;
Bis das erste Wasser weicht.

Memmert's Wasser ist im Weg;
Und so weiche er nach Osten;
Juist ist nun zum Greifen nah;
Doch der Blick, er wird was kosten.

Sehr viel Zeit bislang verstrichen;
An der ersten Wasserflucht;
Juister Wasser baut Barrieren;
An der Wilhelmshöher Bucht.

Keine Zeit zurückzukehren;
Denn von Back das Wasser drängt
Nun ist man im Tod verloren;
Hat sein Leben leicht verschenkt.
....

ANKUNFT

Nun seh' ich Dich, geliebtes Juist;
Noch stehe ich am Hafen;
Die alte Liebe freudig grüßt;
Zu lang hat ich geschlafen.

Ich bin geflohen vor der Zeit;
Ich muß nichts neu entdecken;
Die alten Träume steh'n bereit;
Ich muß sie sanft nur wecken;

Nun steh' ich hier, bin wie gebannt;
Doch bin ich nicht auf Juist;
Bis daß den Weg zum Strand ich fand;
Bis ich das Meer begrüßt.
....

DAS MEER

Sieh, das Meer ist so still;
Doch es macht, was es will.

Es kann stürmen und tosen;
Doch auch zart Dich liebkosen;
Es kann seicht Dich benetzen;
Kann Dich sanft nur berühren;
Doch auch Berge versetzen;
Und zum Tode Dich führen.

Weil es macht, was es will;
Ist es heute so still.
....

SCHATZINSEL

Juist, Du Insel aller Inseln;
Sandbank zwischen Meereswogen;
Wind und Wasser schufen Dich;
Aus dem Sand einst fortgezogen.

Juist, Du Ort am Meeresstrand;
Kleiner Hort, den niemand kennt;
Menschen füll'n mit Leben Dich;
Doch den meisten bist Du fremd.

Juist, Du tief vergrabener Schatz;
Funkelnd in der Dunkelheit;
Nur Geweihte können finden;
Deine wahre Wirklichkeit.

Juist, so soll es immer sein;
Liegst im Stillen endlos da;
Und es wird Dich nur entdecken;
Wer Dich findet Jahr für Jahr.
....

DAS WEIßE SCHLOß

Weißes Schloß, so lange schon;
Stehst Du nun am Strande;
Hast gesehen Jahr für Jahr;
Menschen dort im Sande.

Dann verging sie – Deine Pracht;
Bist allein verfallen;
Wenige nur schätzten Dich;
Deiner Not Vasallen.

Diese Deine Gäste dann;
Deinem Zauber frönten;
Und mit Deinem Schicksal sich;
Nacht für Nacht versöhnten.

Manche Wichte wie die Wilden;
In den Sälen tanzten;
Und sich bist zur Morgenstund;
Auf dem Dach verschanzten.

Über viele Sommernächte;
Dir auch Feen lachten;
Und sich Deine Meeres Blicke;
Stolz zu eigen machten.

Heute bist Du, weißes Schloß;
Wieder schön gestrichen;
Doch ist auch die alte Zeit;
Nun dem Glanz gewichen.
....

WATT UND MEER

Es sprach das Watt zum Meer:
„Verschling mich, Komm nur her!"
Da droht' das Meer dem Watt:
„Ich freß mich an Dir satt."

Da lacht das Watt und spricht:
„Mich halten kannst Du nicht;
Egal wie gut ich schmecke;
Und welche Lust ich wecke;
Kann ich Dir doch versprechen;
Du wirst mich bald erbrechen."

Sechs Stunden gab das Meer;
Das Watt dann nicht mehr her;
Dann wich es Stück für Stück;
Und ließ das Watt zurück.
....

STRANDBURGEN

Immer, wenn die Ebbe kommt;
Steh'n am Strand die Festen;
Kinder einer Schweißes Müh';
Aus des Strandes Resten.

Nach getaner Arbeit dann;
Dicke Mauern trutzen;
Vater, Sohn, sie kämpften hart;
Doch es wird nichts nutzen.

Denn trotz aller Schwerlichkeit;
Kommt das blanke Hänschen;
Leckt am Sand in einem fort;
Mit dem Wellenschwänzchen.

Schon die ersten Burgen fallen;
Ob der Wellen Zungen;
Hat das Meer bald wieder mal;
Land sich abgerungen.

Doch es bricht ein neuer Tag;
Und die Flut wird weichen;
Vor den Prielen Burgen steh'n;
Mancher denkt – die gleichen.
....

ENTSTEHUNG

Sieh ein Sandkorn bläst herbei;
Und noch eins, schon sind es zwei;
Sandkorn Nummer drei und vier;
Weilen ziemlich lange hier.

Was die Strömung einst begann;
Treibt der Wind nun schnell voran;
Eine Bank aus Sand entsteht;
So er stetig weiter weht.

Wenn sich mit der Zeit und Flut;
Vieles auf der Sandbank tut;
Kommt von Land das erste Tier;
Läßt auch ein paar Samen hier.

Schnell die Quecke nun gedeiht;
Und den Sand vom Wind befreit;
Schon schiebt sich ein Hügel vor;
Aus der Wellenflut empor.

Bald können die ersten Dünen;
Sich erheben, stolz wie Hünen;
Hier und da der Hafer sprießt;
Freudig in den Himmel schießt.

Endlich kann ein Insellein;
Aus der Dünenpracht gedeih'n;
Es wird größer und auch weit;
Manchmal aber nicht sehr breit.

Als man merkt, daß auch die Flut;
Dieser Insel nichts mehr tut;
Siedeln Menschen auf dem Land;
Nah beim neuen Meeresstrand.
....

UNTERGANG DER SONNE

Am Abend am Strand;
Schaute ich wie gebannt;
Sah die Sonne versinken;
In den Fluten ertrinken;
Ihre Schönheit beim Geh'n;
Konnte ich nicht versteh'n.

Als sie fast schon versunken;
Schon im Dunkeln ertrunken;
Wagte ich sie zu fragen:
„Sonne kannst Du mir sagen,
Warum bist Du im Tod,
Nur so wunderschön rot?"

Kurz bevor Sie versank;
In den Fluten ertrank;
Spricht sie ganz unumwunden;
Sagt: „In wenigen Stunden,
Steh ich auf aus dem Tod -
Deshalb bin ich so rot."

Als sie gänzlich versunken;
In den Fluten ertrunken;
Wurde mir plötzlich klar;
Daß den Morgen ich sah;
Der in ähnlichem Rot;
Noch vor wenigen Stunden;
Sich dem Tage erbot.
....

SONNENAUFGANG

Eines Morgens, ohne Hast;
Ohne Rast und ohne Ruh';
Schritt voran ich, auf nach Osten;
Nur die Vöglein schauten zu.

Noch der Morgen dämmert nur;
Langsam heben sich die Lider;
Doch ich weiß, es muß was kosten,
Denn der Tag hebt seine Glieder.

Als ich dann fast angekommen;
Boten seh' am Firmament;
Weiß ich, ich darf jetzt nicht rosten,
Denn die Zeit, sie rennt und rennt.

Dann auf einmal wird die Röte;
Rote Glut und überall;
Künden Boten, meist von Osten,
Daß sich hebt der Sonnenball.

Anfangs ist er winziglich;
Dann ist er ein halber Kreis;
Bald wir seine Röte rosten;
Und er wird dann glühend heiß.

Wenn nach einem Tage dann;
Sich der Ball ins Meere senkt;
Wird es nicht mehr viel mich kosten;
Krieg 'nen Logenplatz geschenkt.
....

STRANDSPAZIERGANG

Heute ging ich am Strand;
Bin ein bißchen geschlendert;
Doch dann hat mich das Meer;
Plötzlich seltsam verändert.

Ich wußt' nicht, was gescheh'n;
War im Geist tief versunken;
Heute weiß ich es besser;
Hat am Meer mich betrunken.

Und Gedanken und Taten;
Längst vergangener Zeiten;
Stiegen auf aus der Tiefe;
Wollten Schmerz mir bereiten.

Ich schritt ziellos umher;
Und die Sonne, sie lachte;
Als nach endlosen Stunden;
Aus dem Rausch ich erwachte.

Das nun tobende Meer;
Weckte Stürmen und Drängen;
Und mein Schwermut verflog;
In den tosenden Klängen.
....

SPUREN

Meine Fußspur dort am Strand;
Glänzt als langes Perlenband;
Jede ist ein halber Schritt;
Doch auch nur im Sand ein Tritt.

Wenn ich nun erneut mich wende;
Meine Blicke rückwärts sende;
Seh' ich diese Wellenlappen;
Auf die frischen Spuren schwappen.

Immer wieder, voller Muße;
Lutschen sie an meinem Fuße;
Saugen hier und da und dort;
Meine frischen Spuren fort.

Was mir bleibt, ist: weiter laufen;
Kann mir neue Spuren kaufen;
Doch was soll ich auch von alten;
Spuren für die Zukunft halten.

So ich gehe Schritt um Schritt
Und nehm' nur Gedanken mit;
Denn die Spuren dort am Strand;
Sind nur eingedrückter Sand.
....

ZUR SANDBANK

Zur Sandbank ich schritt;
Am Morgen, voll Sorgen;
Denn trotz festem Tritt;
Im rauschenden Priel;
Hat ich Angst, daß ich fiel;
Weil der Strömung so stark;
Schon so mancher erlag.

Als die Neugier mich zog;
Der Verstand war gebannt;
Weil mein Mut mich belog;
War ich Neptun ergeben;
Denn ich wollte erleben;
Seichte Wogen beim Spiel;
Doch vielleicht war's zuviel.

Als zur Sandbank gekommen;
Wo die Wellen zerschellen;
Da war ich wie benommen;
Ich war trunken vor Glück;
Doch ich mußte zurück;
Weil die Brandung so scharf;
Auf den Boden mich warf.

Auf dem Rückweg zum Strand;
Fast mein Ende ich fand;
Wegen strömender Fluten;
Mußte ich mich jetzt sputen;
Und ich dachte bei mir:
Von den Wogen betrogen;
Blieb so mancher auch hier.
....

SEELENRUH

Wenn das Meer auf Reisen geht;
Fort ist für sechs Stunden;
Mich die Ebbe zu sich lädt;
Und mir unumwunden;
Eine Pracht vor Augen führt;
Die nur der kann spüren;
Der die Sinne ausgekehrt;
Der sich läßt entführen.

Wenn ich dann den Zuckersand;
Über's Land seh' fegen;
Kann sich dessen leichter Schleier;
Auf die Sinne legen;
Dann vergess' ich alle Sorgen;
Und vergesse auch die Welt;
Zum Vergessen sich das Glück;
Leis' hinzugesellt.

Wenn sich dann die weißen Wolken;
Auf dem Wasser spiegeln;
Kann das Meer mit seiner Macht;
Meinen Geist versiegeln;
Dann kann ich voll Zuversicht;
Heimwärts langsam schreiten;
Weiß, die Zukunft wird mir noch;
Sehr viel Glück bereiten
....

WÜTENDES MEER

Es sprach das Meer zum Riff:
„Sieh her, da kommt ein Schiff.
Wenn wir uns nun verbänden,
Und zueinander fänden,
Dann wär' das Schiff verloren,
Die Mannschaft bald erfroren."

Da spricht das Riff zum Meer:
„Gar gierig bist Du sehr,
Willst jedes Schiff verschlingen,
Es um sein Leben bringen."
„Kannst Du es nicht verschonen,
Mit Sanftmut es belohnen?"

Da schäumt das Meer voll Wut:
„Sie trotzen meiner Flut,
Ich muß das Schifflein haben,
Mich seines Schicksals laben,
Ich kann den Mensch nicht schonen,
Er mag das Land bewohnen."

Bald hatten Meer und Riff;
Das Schifflein fest im Griff;
Das Meer hat es geschüttelt;
Wie wild an ihm gerüttelt;
Da ist es dann versunken;
Mit Mann und Maus ertrunken.
....

DAS WRACK

Ganz weit draußen am Riff;
In den Sänden ertrunken;
Liegt ein einsames Schiff;
Schon seit Jahren versunken.

Es ist still und verlassen;
Doch auch fast schon zertrümmert;
Weil die Wellen erfassen;
Was den Menschen nicht kümmert.

Dieses Schiff kann nicht sinken;
Es ist längst schon versunken;
Kann der See nur noch winken;
Bis im Schlick es ertrunken.
......

WATEN

Auf dem Billriff, Schilles' Plate;
Langsam ich durchs Wasser wate;
Ich seh' die Gezeitenuhr;
Doch ich bin ein Fremder nur.

Trotzdem darf ich aus dem Schlicke;
Kurz erhaschen Augenblicke;
Seh' das Watt voll Leben schlagen,
Und den Lauf der Dingen tragen.

Priele füll'n und leeren sich;
Wasser spiegelt königlich;
Ich bleib wie verzaubert steh'n;
Nur Vernunft mahnt mich zum geh'n;

Eilig schnür ich meine Schuhe;
Denn nun hab' ich keine Ruhe;
Blieb schon viel zu lange hier;
Flut ist wie ein wildes Tier.

Als ich langsam ostwärts wate;
Längst verlassen Schilles' Plate;
schau ich westwärts voller Glück,
Denn ich weiß, ich komm' zurück.
....

EINE KLEINE HERZMUSCHEL

Auf einer scharfen Muschelbank;
Verblich eine kleine Muschel;
Längst vergessen im Herzchen krank;
Liegt sie im Treibsandgetuschel.

„Ach liebes Leben, die Schale ist leer,"
Hörte man sie oftmals klagen,
„Sag, warum hat mich das grausige Meer,
Dereinst hierhin nur getragen."

„Ach liebes Leben, die Hülle verblichen,
Bin ich nur eine von vielen,
Bin von der Liste des Schicksals gestrichen;
Kann nach dem Glück nur noch schielen."

Da kam ein Wand'rer die Füße schon wund;
Fand er die Muschel im Sande;
Sagt' ihr: "Du kleine, Dich pfleg' ich gesund,
Bist mir die Liebste im Lande.

Achtsam entfernte er Sand wie auch Salz;
Lies ihr das Herzchen gesunden;
Sie fällt ihm dafür jetzt oft um den Hals;
Denn nun hat sie ihr Glück noch gefunden.
....

LANGSAMKEIT

Die Krabbe trägt ihr Schneckenhaus;
Und schleicht dem Ziel entgegen;
Es geht nicht immer geradeaus;
Auf wild verschlung'nen Wegen.

Die Fischlein sind da sehr geschwind;
Schwimmen schnell und flink zum Ziele;
Und wo sie angekommen sind;
Heißt es nur: Fischlein gibt es viele.

Ich frage: „Krabbe, sage mir,
Trägst schwer doch Deine Last,
Wärst sicher schon seit Tagen hier,
Hätt'st manches nicht verpaßt?"

Die Krabbe sagt: „Die Schneckenlast,
Ist meines Ziels Garant,
Manch Fischlein, ob der ganzen Hast,
Statt seines Ziels das Ende fand."
....

KLEINER SEEHUND

Ein Heuler
auf 'ner Sandbank lag;
Sie schenkt ihm Ruh'
noch früh am Tag.

Doch kommt das Meer
und wäscht geschwind;
Vom Sand hinfort
das Seehundkind.
....

EIN TODGEWEIHTER

Die Ebbe siegt;
Die Fluten müssen weichen;
Ein schaurig Ödland vor mir liegt;
Garniert mit tausend Leichen.

Ich steh' am Rande;
Nah an einem Priel;
In den aus Furcht vor diesem öden Lande;
Ein armer Hummer fiel.

Er schaut mich an;
Er klagt sein Leiden;
Sagt leis': „Ich möchte, wenn ich kann,
Nicht aus dem Leben scheiden."

Ich faß' mein Glück,
Denn ich kann heimwärts schreiten;
Und achtlos lass' ich ihn zurück;
Den traurig Todgeweihten.

Erst später als der Priel längst trocken;
Und auch die Zeit wie sonst verstrich;
Da dacht' ich, voller Angst, erschrocken;
Ein Todgeweihter bin auch ich.
....

ABENDSTIMMUNG

Das Rauschen der Brandung,
Der Sand zieht vorbei;
Die Blicke entschweifen,
Gedanken sind frei.
Wohin soll man gehen,
Kein Ende in Sicht,
Die Wellen zerbrechen,
In gleißendem Licht.

Und sieh dort die Kugel,
Der rötliche Ball;
Er stürzt in die Fluten,
Welch rasender Fall.
Er tunkt nun in rot,
Den Himmel, das Meer;
Die Wolken erscheinen,
Als mächtiges Heer.

Zu schön ist die Stimmung,
Das Ende so nah;
Der Betrachter erschaudert,
Vor dem, was er sah.
Dann muß er erkennen,
Nur kurz war der Zwist;
Zwischen dem, was geschehen
Und dem was ist.
....

SCHÖNER MORGEN

Der Morgen war schön;
Ich saß dort im Sand;
Die rauschende Brandung;
Lief hoch auf den Strand.

Doch all diese Schönheit;
Blieb unausgesprochen;
Ich saß dort im Sand;
Mein Herz war gebrochen.
....

JUIST

Juist ist eine schöne Frau;
Wie der lieblich feuchte Tau;
Der die Welt umgibt – am Morgen;
Und des Tages ganze Pracht;
Sichtbar für die Sinne macht.

Juist ist eine schöne Frau;
Wie der Sand, ein bißchen rauh;
Der die Sinne quält – am Tage;
Doch so manchen auch erregt;
Wenn er stichelnd westwärts fegt.

Juist ist eine schöne Frau;
Wie die Sommernacht so lau;
Die sich langsam legt – am Abend;
Und die Leidenschaft erweckt;
Welche sich am Tag versteckt.

Juist ist keine schöne Frau;
Denn wohin und wann ich schau;
Ob bei Tag, bei Nacht, am Morgen;
Muß ich schließlich eingesteh'n:
Eine gleichsam schöne Insel;
Hab ich nirgends nie geseh'n.
....

PIRATEN

Juist, die Insel der Piraten;
Die im Sommer Nacht für Nacht;
Nur auf ihre Chance warten;
Das Gott Amor ihnen lacht.

Tags sie faul am Strande liegen;
Eingeölt, gebräunt, bedeckt;
Doch so mancher sich bereits;
Sehnsuchtsvoll die Tatzen leckt.

In der Nacht dann hetzt die Meute;
Wild umher von Ort zu Ort;
Zieht die ausgesuchte Beute;
Bald zum Meeresleuchten fort.

Ihre Waffen sind versprechen;
Und im süßen Wortgefecht;
Allen Widerstand sie brechen;
Ihren Opfern geht es schlecht.

Denn so manche, die ergeben;
Amor den Tribut erließ;
Mußt' am Morgen oft erleben;
Daß er sie sofort verstieß.
....

KÜSSEN

Tiefe Augen lustvoll blitzen;
Rote Lippen zart sich spitzen;
Sich dann zueinander wenden,
Um die Lust hinauszusenden.

Gierig öffnen sich die Münder;
Feuchte Zungen werden ründer;
Können's kaum mehr noch erwarten;
Wild und gierig zu entarten.

Zärtlich sich die Lippen finden;
And're Sinne sanft entschwinden;
Sacht die Augen sich verschließen;
Und den Augenblick genießen.

Jetzt steh'n alle Uhren still;
Es kann kommen, was da will;
Dieser Kuß im höchsten Glück;
Läßt die ganze Welt zurück.
....

DIE EHRE DES GRAFEN MANIER

Polyhymnia traf Graf Manier;
Im schwarzen Trauerkleide;
Zerschunden war sein Stolz-Panier;
Erblaßt sein Glanzgeschmeide.

Sie stützt den Armen, träuft ihm sacht;
Vom süßen Liebesweine;
In mancher traumdurchwachten Nacht;
Gab sie sich hin, als Seine.

Der Graf genoß und fand geschwind;
Zurück zu altem Glanze;
Doch merkt' er bald, dem süßen Kind;
Fehlt die Galanz beim Tanze.

Die Muse wird ihm zum Verdruß;
Zu brüsk ihr lockend singen;
Ihr allzu steter Minnefluß;
Beginnt ihn zu umschlingen.

Des Grafs' Manier betritt den Ort;
Vertreibt die Amoretten;
Sie schleichen müd' und traurig fort;
Zu alten Götterstätten.

Es wurd' der armen Schönheit fahl;
Sie war zu zart geschwungen;
So manchen Ton, den er noch stahl;
Hat sie umsonst gesungen.

Da hatt' die Ehr' der Graf Manier;
Er wollt sie nicht gewinnen;
Hob hoch empor sein Stolz-Panier;
Und zog im Glanz von hinnen.
....

DIE EBBE

Das Wasser geht
und läßt ein silberglänzend Licht
zurück.

In diesem Spiegel seh' ich Dich
und ich verlaß' Dich nicht
mein Glück;
Und sei mein Ziel das End' der Welt.

Und kommt die Flut
und es verblaßt die Sicht
ein Stück;

So weich' ich nicht zurück;
Bis daß der Liebe zartes Glück;
Und auch die Welt in Scherben fällt.
....

Verführung

Am Abend im Watt;
Die Sonne glänzt matt;
Ich bin ganz allein;
In sonnigem Schein.

Ein Spiegeln, ein Blitzen;
Da seh' ich sie sitzen;
Ein Schatten im Licht:
„Welch schönes Gesicht."

Diesem Antlitz, so eben;
Mußt' ich mich ergeben.
Ich stehe gebannt;
Ohne Sind und Verstand.

Ihrem Körper grazil;
Zum Opfer ich fiel;
Meine Sinne verschwommen;
Hat sie mir genommen.

Noch rührt sie sich nicht;
Sitzt da nur im Licht;
Ich sehe sie an;
Steh' in ihrem Bann.

Ich kann nicht lange fragen;
Ich muß es nur wagen;
Ein Kuß muß es sein;
Sie wird es verzeih'n.

Doch noch steh' ich still;
Ich weiß nicht was ich will;
Dann fasse ich Mut;
Wie gut mir das tut.

Ich geh' ihr entgegen;
Ich bin etwas verlegen;
Doch sie so vollkommen;
Hat die Angst mir genommen.

Schon steh' ich vor ihr;
„Was mach ich nur hier?"
Denn bei diesem Kontrast;
Auch die Sonne verblaßt.

Ich will sie berühren
Will sanft sie entführen;
„Ich muß sie besitzen;
Auf den Gipfel es spitzen."

Doch als ich es wag';
Ist es plötzlich Tag;
Die Sonne scheint grell;
Ich entferne mich schnell.

Und nichts ist geblieben;
Vom Schwelgen und Lieben;
Ich bin ganz allein;
In sonnigem Schein.
....

ABENDRUH

Müde senkt schon der Tag seine Lider;
Nur Gott Helios wiegt ihn noch sacht;
Hier am Strande laß ich mich hernieder;
Bald begrüßt mich die finstere Nacht.

Damals lähmte mein Herz ihre Stille;
Meine Liebste sie wollte nicht fort;
Und es hielt mich ihr fordernder Wille;
Hier an diesem so gefährlichen Ort.

Bald ward' ich im Dunkeln gefangen;
Und die Kühle umschlang meinen Arm;
Zwar verspürt' ich noch wildes Verlangen;
Doch das Herz wurde mir nicht mehr warm.

Alle Schatten konnt' ich nicht vertreiben;
So sie kamen und verlangten mein Glück;
Die Liebste wollt' immer noch bleiben;
Aber ich ließ sie frierend zurück.

Ich sucht' sie am anderen Tage;
Es strahlte der Morgen so rot;
Ach Schicksal nun hör' meine Klage;
Die Liebste lag da und war tot.

Ich konnt' sie nicht wieder erwecken;
Und so grub ich uns beiden ein Grab;
Meinen Schmerz wollte ich drin verstecken;
An dem Ort, wo die Liebe einst starb.

Und hier hab' ich seit einstigen Tagen;
Alle Nächte alleine durchwacht;
Nur die Wellen begleiten mein Klagen;
Wenn ich friere in finsterer Nacht.
....

ZWIEGESPRÄCH

Von der Sehnsucht gefangen;
Sprach ich heute zum Meer;
Doch die Worte verklangen;
Waren haltlos und leer.

Ich fing an zu beschwören:
„Meer, ich einsamer Mann!"
Doch es wollte nicht hören;
Und da schrie ich es an.
....

DER JÜNGLING

Ein Jüngling am Strand;
- Noch vom Morgen verborgen -
Schreibt er ohne Verstand;
Mit dem Fuß und der Hand;
Alle Wünsche und Sorgen;
In den feuchtwarmen Sand.

Von der Sehnsucht getrieben;
Hat er bald voller Muße;
All sein Hoffen und Lieben;
Wünsche die noch verlieben;
Mit der Hand und dem Fuße;
Auf den Boden geschrieben.

Doch schon bald kommt die Flut;
Wie Tag aus und Tag ein;
Nimmt mit kraftvoller Wut;
Seinem Schwermut die Glut;
Wäscht den Strand wieder rein;
Und der Morgen ist sein.
....

FAHRT NACH HELGOLAND

Oh holder Dichterfürst nun sprich;
Rief ich zu Heinrich Heine;
Auf Helgoland da sucht' ich Dich;
War sie nicht mal die Deine.

Du kennst Sie nicht wie ich sie fand;
Geschunden arg, voll Narben;
Du weiß auch nichts vom Mittelland;
Die Zeit liegt dort begraben.

Doch hat der Wind noch Hosen an;
Die weißen Wasserhosen;
Und Wellen peitscht er, wo er kann;
Sie heulen und brausen und tosen.

Ich fand zwar nicht die alte Zeit;
Sie ist schon längst entschwunden;
Doch Dich mein holder Dichterfürst;
Dich hab ich hier gefunden.
....

EINE KLEINE MÖWE

Eine kleine Möwe;
Fliegt nach Helgoland;
Eine kleine Möwe;
Fort vom Juister Strand.

Eine kleine Möwe;
Dort hat sie kein Glück;
Eine kleine Möwe;
Fliegt von Helgoland zurück.
....

OSTFRIESISCHE INSELN

Welcher Seemann
liegt bei Nanny;
Nachts im Bett voll Liebeslust.
Welcher Seemann
hat erfahren;
Nanny's wahren Liebesfrust.

Welcher Seemann
ist kein welcher;
Welches Bett ist hart wie Stein;
Welcher welcher
ist kein Seemann;
Welches Liegen eine Pein.

Welcher Beischlaf
ist nur schlafen;
Müde nur im Bette liegen;
Welche Insel
wird den Seemann;
Nur in öde Träume wiegen.

Einzig Juist;
Das Im, „Im Bette";
Wirklich Leidenschaft erweckt;
Deshalb ist's;
Im Spruch der Inseln;
Auch im Wörtchen „im" versteckt.
....

ANDERE INSELN

Fern auf einer and'ren Insel;
Gar nicht weit vom Zauberland;
Tummeln sich der Einfalt Pinsel;
Ebenfalls am Nordseestrand.

Eitel sieht man sie beim Golfen;
Sieht sie näselnd „Merde" fluchen;
Wenn sie schrecklich unbeholfen;
Nach 'nem kleinen Golfball suchen.

Was hier zählt sind Pferdestärken;
Doch nur unter heißen Hauben;
Daß die Menschen niemals merken;
Wie sie die Natur sich rauben.

Hier versinkt die Welt im Funkeln;
Lauter kostbarer Gehänge;
Und das Meer - es liegt im Dunkeln;
Längst verklungen seine Klänge.

Doch ich will nicht weiter spotten;
Sondern Dank zum Himmel senden;
Weil sich diese Hotten Totten;
Sonst auf dieser Insel fänden.
....

HINDERNIS

Träumend wollt' ich zum Strand;
Wollte fröhlich zum Bade;
Doch zu steil war die Kant;
Fremder Küstengestade.

Daß den Weg ich nicht fand;
War so unendlich Schade;
Da erwacht' ich am Strand;
Und ging fröhlich zum Bade.
....

ABSCHIED IM SOMMER

Adieu Geliebter! Mußt Du scheiden;
Versteh, ich kann heut' nicht so recht;
Die tiefe Trauer mit Dir leiden.

Denn weiß ich auch, es geht Dir schlecht;
Du schleichst hinfort,
auf schmerzlich wundem Fuße.

So weiß ich doch, ich kann noch bleiben;
Und freudig bald, mit zukunftsfroher Muße;
Dir diese Zeilen schreiben.
....

VERMISSEN

Wenn nicht dort heißt, vermissen;
Nicht am gleichen Orte sein;
Auch wenngleich sich die Gedanken;
Nur um diesen Ort sich ranken.

Wenn hinfort sein heißt, nicht küssen;
Nicht der Lippen Fluß zu spüren;
Wenn auch tausend Flüsse fließen;
Sich durch Kopf und Herz ergießen.

Wenn weit weg sein heißt, nicht wissen;
Nicht des Schicksals Gang erfahren;
Wenn die fließenden Sekunden;
Langsam sind, als wär'n sie Stunden.

Dann weiß ich, ich werde wissen;
Und die Allerliebste küssen;
Muß sie bald nicht mehr vermissen;
Denn auch Zeit zerfließt in Flüssen.
....

SONNENHOCHZEIT

Wir erwarteten heute das Klärchen;
Gehüllt gar in neblige Schleier;
Waren froh unterwegs - wie im Märchen;
Zur gefrühlichen Hochzeitenfeier.

Es versprach sich ein rauschendes Feste;
Denn die Nacht war die Mutter der Braut;
Und genau wie die anderen Gäste;
Hat der Tag voll Erwartung geschaut.

Man dacht' schon, sie wollt ihn versetzen;
Und der Ärmste verging fast vor Scham;
Doch dann sah'n wir übers Wasser sie hetzen;
Schüchtern nahm er sie sanft in den Arm.

Es begrüßt' uns der freundliche Morgen;
Hoffnungsfroh war der Vater der Maid;
Sagt zum Tage: „ Mach Dir keine Sorgen;
Heute ist sie zur Hochzeit bereit."
....

STRANDTHEATER

Jeder Strand ist eine Bühne;
In des Meeres Opernhaus;
Wo die Wellen, weiße, grüne;
Den Betrachter unterhalten;
Und wo Sonne, Wind und Meer;
Als Theaterkünstler walten.

Mal in hellem Sonnenschein;
Mal im trüben grau in grau;
Doch in jedem Tone rein;
Sieht man Winde dirigieren;
Was weit draußen in der Ferne;
Uns die Meere komponieren.

Und der Mensch - als stiller Gast;
Lauscht in tiefer Ruh versunken.
Was Gott Neptun hat verfaßt;
Spielen ihm die zarten Wellen;
Die in musisch reinen Klängen;
Auf dem Sand wie Glas zerschellen.
....

STÜRMISCHE SEE

Heute wogt das Meer im Sturme;
Aufgewühlt der Wellen Kamm;
Wasser türmt sich hoch zum Turme;
Tosend bricht der Wellen Damm.

Hungrig braust das Meer zum Strande;
Unaufhaltsam seine Kraft;
Nimmt sich den Tribut vom Lande;
Hat sein Gold schnell fortgerafft.

Doch schon bald ist es versöhnlich;
Braust es heute noch so sehr;
Gibt sein Gold dann für gewöhnlich;
And'ren Orten wieder her.
....

Der Gang der Zeit

Ein Schiff fährt auf dem Ozean;
Die Wellen spülen Treibgut an;
Ein Kind am Strand, das lacht und rennt;
Die Sonne, die vom Himmel brennt.
Des Menschen Glück ein stetes Treiben;
Gar ewig scheint's ihm treu zu bleiben.

Doch bald im warmen Abendlicht;
Da zeigt der Tod sein fahl Gesicht;
Er fordert freundlich still und leis';
Vom Menschenkind des Lebens Preis.

Schon haucht er seinen letzten Zug;
Ins kalte Grab man ihn bald trug;
So wart' die Grube fest verschlossen;
Die letzten Tränen bald vergossen.

Es wird die Sonne weiter brennen;
Die Kinder lachen und auch rennen;
Das Meer spült weiter Treibgut an;
Von Schiffen auf dem Ozean.
....

NACHT IN DEN DÜNEN

Finsternis und Dunkelheit;
Einzig Rauschen trifft das Ohr;
In unendlich schwarzer Nacht;
Treten and're Sinne vor.

Lauschen jetzt, statt nur zu blicken,
Jeder schritt ist ungewiß;
Riech' das Salz - geh' wie auf Krücken,
Weiß nicht, was zu sehen ist.

Wenn der Wind die Wolken treibt;
Wie von Geisterhand bewegt,
Ist der Mond ein kurzer Gast;
Der sein Licht herunter fegt.

Nur für kurz seh' ich dann Kronen;
Weißen Schaum, gesprühte Gischt;
Zarte Schönheit, gleich Ikonen
Sich in meine Sinne mischt.
....

DIE INSEL DIE ICH LIEBE

Juist, die Insel, die ich liebe;
Auf der auch heute noch
- gerne ewig bliebe.
Als ich damals kindelich,
Wasserburgen baute;
War die Zukunft nah bei mir;
- sie auf mein Schicksal schaute.

Juist, die Insel, die ich Träume;
Auf der ich nach Jahren noch
- freuend überschäume.
Als mich damals jugendlich,
Leidenschaft berührte;
War das Glück ganz nah bei mir;
- es mein Herz entführte.

Juist, die Insel meiner Söhne;
Auf der ich wie damals schon
- meiner Zukunft fröne.
Als ich einst den Kindern gleich,
In den Prielen spielte;
Meiner Jugend Sonnenschein;
- auf mein Alter schielte.

Juist, die Insel, die ich lebe;
Der ich auch im Alter noch
- meine Liebe gebe.
Wenn mich jetzt mit Altersmüh',
Meine Schritte schmerzen;
Können Juist, der Wind und ich;
Meines Lebens scherzen.
....

Der Sommer zieht fort

Sieh, von hinnen zieht der Sommer;
läßt sein grünes Blattkleid fallen;
Fern hört man des Herbstes Donner;
Leise immer lauter schallen.

Auch die Vöglein zieh' n getrieben;
Von des Sommers warmen Lüften;
Fort – allein ich bin geblieben;
Um zu trauern all den Düften.

Bin geblieben, um zu träumen;
Vom erwachen all der Pracht;
Möchte den Anblick nicht versäumen;
Wenn der Sommer neu erwacht.
....

VERTRIEBEN

Langsam zieht der Himmel zu;
Und der Wind fängt an zu blasen;
Eben noch war stille Ruh';
Jetzt sieht man die Wolken rasen.

Noch seh' ich das Meer in Stille;
Auf den Wellen keine Kronen;
Doch des Sturmes heißer Wille;
Wird die See heut' nicht verschonen.

Rasch verstärkt sich nun der Wind;
Bittet mich galant zum Tanze;
Weil im Wind nun Nadeln sind;
Seh' ich, daß ich mich verschanze.

Doch so tief ich auch mich wühle;
Um dem Meer ein Gast zu bleiben;
Wird des Windes frische Kühle;
Mich von Meer und Strand vertreiben.

Schließlich lieg' ich in den Dünen;
Höre nur noch süßes Rauschen;
Kann das Meer und seine Hünen;
Nicht mehr sehen - nur noch lauschen.
....

ZEIT

Zeit, in der ich mit ihr war,
als ich ihre Lippen küßte.
Zeit, als ich nicht dachte nach,
ob das immer bleiben müßte.

Zeit, die doch so schnell verging,
daß ich sie nicht halten konnte.
Zeit die nunmehr liegt zurück,
als ich mich im Frühling sonnte.

Zeit, sie wird doch weiter geh'n
und es kommen bess're Stunden.
Zeit kann meine Hoffnung sein,
denn sie heilt des Lebens Wunden.
......

STURMTIEF

Manchmal Boten hoch am Himmel;
Federwolken weiß wie Schnee;
Uns am Meer vom Sturme künden;
Daß bald wogt die ruhige See.

Fremde zieh'n verstohlen aus;
Zwischen Angst und Zuversicht;
Woll'n ihr Schicksal sich ergründen;
Suchen nach des Lebens Licht.

Doch am Meer ist man gerüstet;
Denn die Deiche halten fest;
So, als wenn sie ewig stünden;
Wenn man sich nicht täuschen läßt.

Jeder der am Meer geboren;
Sieht in jedem kleinen Sturm;
Gottes Kräfte sich verbünden;
Fühlt sich wie ein kleiner Wurm.

Wenn die Stürmisch wilden Zeiten;
Die so mancher hat durchwacht;
Dann in schönes Wetter münden;
Strahlt das Land in neuer Pracht.

Hier am Meer ist man dann heiter;
Man erkennt die Gottes-Macht;
Die trotz aller Lebens-Sünden;
Über Mensch und Tier gewacht.
....

ERKENNTNIS

In diesem gold'nen Leuchten
Ruh' ich still;
Laß Gischt die Lippen
mir befeuchten.
Ich bleibe steh'n,
weil ich nicht weichen will;
Doch wird die zarte Schönheit,
mir genommen;
Und ich muß geh'n;
So wie ich einst gekommen.
....

OSTWIND

Wenn der Wind von Osten weht;
Und die Wasser weichen;
Kann es sein, daß nichts mehr geht;
Und Schiffe die Segel streichen.

Schlimmer noch als nicht zu gehen;
Ist es, nicht zu kommen;
Möcht' auf Juist am Hafen steh'n;
Norddeich seh'n verschwommen.

Wenn der Wind von Osten weht,
Bin ich freudentrunken;
Juist liegt dann noch stiller da,
Wie im Schlaf versunken.

Wenn der Wind von Westen weht,
Muß ich endlich scheiden;
Schicksal, daß der Wind sich dreht,
Läßt mich ewig leiden.

Wenn es doch nur Ostwind gäb',
Wär' ich nie gekommen;
Westwind bläst mein Glück herbei,
Nun hat er's genommen.
....

ABSCHIED

Heute ist der Abschiedstag,
Der die ganzen Tage hier;
Tief verborgen lag.
Heute geh' ich nicht zum Schiff;
Gäste zu begrüßen;
Für das Glück, das ich erlebt,
Muß ich heute büßen.

Nun steh' ich bereits am Hafen;
Denke still: ach hätt' ich doch;
Heute bloß verschlafen;
Hätte dieses eine Schiff;
Sich umsonst gewunden,
Und den Weg durch Wilhelmshöh';
Heute nicht gefunden.

Jetzt betrete ich den Steg;
Frage still und leise ob;
Ich mir nun nicht überleg';
Dazubleiben und die Zeit;
Nicht ganz einfach anzuhalten
Und des Schicksals nimmersatten;
Schalter einfach auszuschalten.

Doch ich gehe Schritt um Schritt
Und nehm' von den Tagen hier;
Nur Gedanken mit;
Grad' an Bord seh' das Schiff;
Seine Taue kappen
Und die Tür mit einem Ruck;
In ihr Schlosse schnappen.

Hätte ich doch mehr gerungen;
Wär' im letzten Augenblick;
Noch an Land gesprungen;
Glücklich stünde ich am Kai;
Wie die Abschiedsgäste;
Weil sie bleiben, feiern sie;
Stille Freudenfeste.

....

SCHRECKLICHE SOMMERNACHT

Heute Abend weint mein Herz;
Trotz der wundervollen Nacht;
Will vergehen fast im Schmerz;
Alles schien für mich gemacht.

Diese Wellen sind nicht da;
Und davor kein weißer Strand;
Keine Gischt, wo sie sonst war;
Sprüht das Salz auf Zuckersand.

Alles ist so leer nur heut';
Ohne Zukunft, die mir lacht;
Und die Insel ist so weit;
Grauenvolle volle Nacht.

Sie ist warm und mild und sacht;
Doch auch schrecklich grau und kalt;
Sie, die sonst so glücklich macht,
Ist das, was sie ist, nur Nacht.
....